Folgende Geschichten
sind in diesem Band enthalten:
Frühling:
Die Frühlingskinder
Sammet-Pfötchen
Piep!
Wixi wird modern
Wulli und Susi
Sommer:
Die lieben Sonnenstrahlen
Die braven und die schlimmen Beeren
Heinzel wandert durch den Tag
Die lustigen Springer
Regentropfen
Herbst:
Der verkannte Bimpfi
Schneckenpost
Brumm und Braun
Bei den Wurzelmännlein
Die fleißigen Sparer
Winter:
Piep und Maus im Winter zu Haus
Eismännlein
Eisbärli
Schneeflöckchen
Sankt Nikolaus

© 1996 arsEdition, CH-6301 Zug
Alle Rechte vorbehalten
Gestaltung: Eva Wenger
Printed in Germany
ISBN 3-7607-1079-4

Mit Ida Bohatta durch das Jahr

Frühling

Die Frühlingskinder

Palmkätzchen

Es wollten alle Blumen
für sich das schönste Kleid,
recht duftig und recht zart und fein
für sommerliche Zeit.
Palmkätzchen aber wählte
ein Mützchen warm und weich:
»Ich will so gern beglücken,
drum blüh ich lieber gleich.«

Buschwindröschen

Ist es auch noch so kalt und rauh,
daß man es gar nicht glauben kann,
daß jemals wieder Frühling wird,
das Buschwindröschen glaubt daran.
Wer fest an Licht und Frühling glaubt,
kann auch den Winter zwingen
und wie das Buschwindröschen
den lieben Frühling bringen.

Schlüsselblume

Den kleinen Schlüssel für das Glück,
den möchte jeder haben
und meint, er wär in Macht und Ruhm
und stolzem Prunk vergraben.
Doch wer nach großen Dingen schaut,
der schreitet drüber hin.
Es liegt der Schlüssel für das Glück
im Allerkleinsten drin.

Das Veilchen

Ich brauch nicht wie die Rose schön,
nicht wie die Tulpe fein,
nicht wie die Sonnenblume
so groß und mächtig sein.
Doch wie ein Veilchen leben
so still, und dennoch allen
ein wenig Freude geben,
das möchte mir gefallen.

Heideröslein

Die Heide gar so bitter arm,
sie lud doch zum Verweilen
sogleich das liebe Röslein ein,
wollt' alles mit ihm teilen,

Da blieb das Heideröslein gern
und freute sich gar sehr,
und wandelte die Heide arm
ins reinste Blütenmeer.

Die kleine Blüte

Die kleine Blüte weinte sehr:
Ein Blättchen flog von ihrem Hut.
Da warfen alle eines fort
aus Mitleid und aus Übermut.
Das gab ein duftig Schneien
der vielen Blättchen weich.
Die kleine Blüte lachte froh:
nun waren alle gleich.

Die Glockenblume

Die Glockenblume läutet
kling-klang in zartem Ton
ein Lied vom Frühling in die Welt,
das trägt der Wind davon.
Und stehn die Herzen offen,
verfängt sich wohl die Weise
und klingt ganz zart und leise
von Freude und von Hoffen.

Heckenrose

Ein Märchen aus der Kinderzeit,
so alt und doch so wahr,
es blüht vor meinem Fenster auf
in jedem lieben Jahr.
Dornröschen liegt im Zauberschlaf
die lange Winternacht,
bis es beim ersten Sonnenkuß
zum Leben neu erwacht.

Sammet-Pfötchen

Verstoßen! Ich begreif das nicht,
wie konnte das geschehn?
Und denk ich noch so lange nach,
ich werd es nie verstehn.
Die Welt ist doch so schrecklich groß
und ich so winzig klein –
wieso soll denn gerad für mich
kein Platz zu finden sein?

Nun geh ich schon den ganzen Tag
treppauf, treppab in einem fort
und find für meine Kinderschar
doch nirgends einen sichern Ort.
Ja, andre Mütter haben's leicht,
doch wo verstecke ich geschwind
die Kinder, daß sie keiner stiehlt,
wo meine doch die schönsten sind?

Kommt nur alle her zu mir
und seht euch meine Kinder an.
Ei, jetzt werden wir gleich wissen,
wer am besten zählen kann.
Wieviel kleine Miezekätzchen
ruft die Frau Mama zum Essen?
Wer's genau nimmt, wird beim Zählen
auch die Schwänzchen nicht vergessen!

Ich versteh mich gut aufs Putzen
und bin pünktlich und genau
stets zur Reinlichkeit erzogen,
ganz wie jede Katzenfrau.
Also woran kann's denn liegen,
daß trotz Putzen, Waschen, Reiben
g'rade nur bei meinen Kindern
immer dunkle Flecken bleiben?

Mmm, die Milch ist ausgezeichnet
und der Kuchen wunderbar,
alles frisch und appetitlich
hergerichtet, das ist klar.
Eins nur kann ich nicht begreifen,
wenn es mir auch noch so schmeckt:
Warum hat die Frau für mich
heute auf dem Tisch gedeckt?

Singen muß man möglichst laut,
daß man es auch weithin hört.
Jeder gibt mir, was ich will,
nur von dem Gesang betört.

Nun, und kann ich mit den Tönen
was ich wünsche, nicht erringen,
dann bekomm ich es bestimmt
wenn ich aufhör mit dem Singen.

Nein, ich ginge sicher nicht
jeden Tag so früh zu Bett,
mir den rechten Platz zu wählen,
wenn ich's für mich selber hätt.
Doch wir schlafen eben leider
in dem schönen Bett zu zweit,
und mein Frauchen macht sich gerne
auf dem besten Plätzchen breit.

»Lauter Mäuschen – lauter Mäuschen –
in den Winkeln, in den Ecken,
überall und ringsherum –
ei, wie werden sie mir schmecken!«
Doch das Mäuschen kichert keck
und es piepst: »Das glaub ich kaum –
merkst du nicht, du dummes Kätzchen,
was du siehst, ist nur ein Traum!«

Piep!

Piep

Wer wie das kleine Hühnchen Piep
das Glück gern finden will,
der reist nicht mit viel Koffern aus,
der wandert arm und still.
Der packt nur ein den frohen Sinn
und wird bei jedem Schritt
dem lieben Glück begegnen,
er trägt's ja selber mit.

Das Entlein

Ich fürcht mich nicht, wenn ich auch schrei,
ich fürcht mich nicht, bin ich allein
und rundherum der See so groß
und ich darauf entsetzlich klein.
Ich fürcht mich nicht, mir macht nur angst
und geht nicht aus dem Sinn,
wie sich die Mami fürchten wird,
wenn ich nicht bei ihr bin!

Das Zicklein

Mich freut, daß ich ein Zicklein bin,
mich freut der Sonnenschein
und daß ich keine Schmerzen hab
im rechten Hinterbein.
Ich hatte solches Zucken drin,
jedoch zur selben Stund,
in der der Strick gerissen ist,
war auch mein Bein gesund.

Der tapfere Hase

»Nun fürcht ich mich vor keinem Hund,
du hast ja so viel Mut
und schrecklich muß dein Anblick sein,
bist du einmal in Wut.«
»Gewiß, d'rum gab zum Mut der Herr
die Beine mir dazu,
die gehen einfach mit mir durch,
daß ich dem Hund nichts tu.«

Das hungrige Vöglein

Mein Magen schmerzt so fürchterlich,
woran kann das nur liegen?
Es liegt nicht an dem Schmetterling,
nicht an den dreizehn Fliegen.

Auch an den sieben Würmlein nicht,
es kommt wohl nur daher,
daß ich so spät zu Mittag ess,
da ist der Magen leer!

Die Ente

Obwohl ich eine Ente bin,
bin ich nicht stolz – o nein!
Mein Mütterchen war auch ein Huhn,
fast könnt ich selbst eins sein.
In einem einz'gen Punkte bloß
ist mir ein wenig bang,
daß mich der Hochmut packen könnt:
Das ist mein schöner Gang!

Die Meute

Die ganzen Hunde auf der Welt
fühl ich auf meiner Spur
und sterben muß ich sicherlich,
wär's auch die Hälfte nur.
Schon einer wär mein sich'rer Tod,
wenn man's genauer nimmt,
und dieser hat im Dorf gebellt,
das weiß ich ganz bestimmt!

Nesthäkchen

»Wie liegt sich's in dem kleinen Nest
so gut und ohne Sorgen;
hätt ich doch wie das Vögelein
ein Nestlein wohlgeborgen!«
»Das Herz von deinem Mütterlein
ist g'rad so gut und fest,
da leg dich ohne Sorg hinein,
das ist ein warmes Nest.«

Wixi wird modern

»Dir kann nur eines helfen,
Freund Osterhas, ich sehe schon,
du bist zu übermüdet,
du brauchst sofort ein Telefon.«
»Ich schluck es gern, wenn es mir hilft
gegen meine kranken Füße –
wenn es nur nicht zu bitter ist –
denn ich bin so sehr für's Süße.«

»Ist dort die Auskunft? – Hören Sie,
die Kinder rufen alle an,
ich komm vom Telefon nicht weg,
so daß ich gar nicht malen kann!«
»Die Auskunft weiß bei allem Rat,
vorbei ist bald Ihr Kummer.
Sie kriegen von der Post sofort
eine geheime Nummer.«

Hei, das ist ganz was anderes!
Mit Gebrumm und mit Geschnauf
geht es rasend schnell bergab
und genau so schnell bergauf.

Wixi legt ein Tempo vor,
wirklich schneller als der Wind.
Ob nur, bis am Ziel er ankommt,
in dem Korb noch Eier sind?

Ich habe eine Bitte, Kinder:
Tut mir den Gefallen,
seid doch lieb und nicht zu frech,
dann komm ich zu euch allen.
Mein Betrieb wird ganz modern
und man braucht, wie jeder weiß,
wenn man den Betrieb erweitert,
einen größeren Kundenkreis.
*Hochachtungsvoll
Wixi, Osterhase*

Nicht, daß er endlich rasten kann,
ist's, was dem Wixi so gefällt,
nein, daß die Eier reichen
für alle Kinder auf der Welt.
Ein Osterei für jedes Kind
kann die Maschine leisten,
und daß er auch für dich eins hat,
das freut ihn wohl am meisten.

»Du hast zu viel gearbeitet,
mein Kind. Nun kannst du ruhn.
Seit die Maschine alles macht,
hast du nichts mehr zu tun.«
»Daß ich mal zum Verschnaufen komm,
das hat sich schon gelohnt.
Doch plötzlich wird mir langweilig –
das bin ich nicht gewohnt.«

»Wie – mit dem Flugzeug abgestürzt?
Wie ist denn das geschehn?
Du hattest doch den Fallschirm mit,
das kann ich nicht verstehn!«
»Den nahm ich für die Eier her«,
der kleine Wixi spricht,
»die Knochen heilen wieder zu,
die Eier aber nicht.«

»Das Motorrad wird repariert,
das Flugzeug ist gefährlich.
Ich bin zu Fuß gelaufen –
ach Mutti, es war herrlich!
Denn für mich gibt es nun einmal
nichts Schöneres auf Erden,
als für die anderen zu springen
und richtig müd zu werden!«

Wulli und Susi

Ente Wulli
liebt den Frühling,
liebt das Gras
und liebt das Licht,
liebt das Tauchen
in dem Wasser.
Nur die Susi
liebt sie nicht.

Henne Susi plaudert gerne,
legt ihr Ei mal hier, mal dort,
geht spazieren, sitzt im Grase,
und sie gackert immerfort.
Aber mit der schönen Wulli
spricht die Susi nicht ein Wort.

Eine ganz, ganz schlimme Sache
wird im Garten grad besprochen:
»Unsre Wulli«, hört die Susi,
»wird am Dienstag abgestochen,
denn zur großen Hochzeitsfeier
wollen wir was Gutes kochen.
Groß genug wird Wulli sein,
schmeckt als Braten sicher fein.«

In dem kleinen Gartenhaus
sprechen sich die beiden aus.
Susi sagt der Wulli ganz offen,
was sie zu erwarten hat.
Wulli ist zutiefst getroffen.
Susi aber gibt den Rat:
»Komm wir wollen schnell verschwinden,
damit sie dich auch nirgends finden!«

Gesagt, getan. Sie laufen beide
weg von diesem schlimmen Ort.
Durch den Garten, durch die Wiese,
und dann weiter, ganz weit fort.
Alles haben sie verloren,
doch in diesen schlimmen Stunden
hat auch jeder in dem andern
einen treuen Freund gefunden.

Kommen sie zu guten Menschen,
legt die Susi gern eine Ei.
Dafür gibt man ihnen Futter,
so sorgt Susi stets für zwei.
Niemals ist das Essen knapp.
Trotzdem nimmt die Susi ab.

Susi sagt nicht, was ihr fehlt,
doch im Traum hat sie's erzählt:
Heimweh hat sie nach der Wiese!
Wulli denkt an Susis Glück,
und am nächsten Morgen wandern
beide still nach Haus zurück.

Tür und Herzen stehen offen.
Ach, wie herrlich ist es hier!
Wulli darf am Leben bleiben.
Susi legt sich froh zu ihr.
Wieviel schöner ist die Welt,
wenn man gute Freundschaft hält!

Sommer

Die lieben Sonnenstrahlen

»Wir blühen in der Sommerzeit«,
so riefen alle Blümelein.
»Wir wollen Lust und Fröhlichkeit
und lauter hellen Sonnenschein!«
»Wenn andre Freude brauchen
in ihren bittern Mühen«,
Schneeröslein sprach, »ist meine Zeit –
ich will im Winter blühen.«

Jedesmal zur Frühlingszeit
kommt der erste Sonnenstrahl,
findet Glöckchen noch im Schlaf
ganz verträumt – wie jedesmal.
Jedesmal ist ihm so bang,
daß er es nun stören muß,
und drum weckt er es so sacht
jedesmal mit einem Kuß.

Es wollten mit den Sonnenstrahlen,
die auf die Erde fielen,
die kleinen Blümlein, ach so gern,
einmal Verstecken spielen.
Die Blümlein waren bald entdeckt,
die sich verborgen hatten;
bis auf das Veilchen, wohl versteckt,
das steht noch heut im Schatten.

Die Sonnenstrahlen bringen heut
der Knospe so bescheiden
anstatt des Mützchens einen Hut,
der wird sie prächtig kleiden.

Die Sonnenstrahlen tummeln sich
mit vielen zarten Mühen,
denn heute ist ein großer Tag,
heut wird das Blümlein blühen.

Die Sonnenstrahlen wecken es
zu Blümchenfreuden, Blümchensorgen.
Gehorsam tut's die Augen auf
und freut sich an dem neuen Morgen.
Die Sonnenstrahlen fliegen fort,
nun schläft es ein.
Das ist des Blümleins Lebenslauf –
gehorsam sein.

»Hier ist ein gar zu schlechter Platz –
komm doch in unsern Garten!«
»Mir machen Staub und Hitze nichts,
ich muß am Wege warten.«
Kann sein, ein müder Wanderer,
der hier vorübergeht,
erfreut sich, daß auf seinem Weg
doch auch ein Blümlein steht.«

»Ach«, seufzt der zarte Windling,
»fast wird mir selber bange,
denn ich erreich die Sonne nicht
und müh mich schon so lange.«
Und zieht ein winzig Stückchen
sich doch dabei hinauf
und klettert heute noch und gibt
die Hoffnung niemals auf.

Die Sonnenstrahlen kamen
zur Ähre schlicht und hold
und schmückten sie zum Lohne
mit einer Kron aus Gold.
Da neigte voller Demut
das Köpfchen sie gar sacht
und neigt es auch noch heute,
als wär's zuviel der Pracht.

Die braven und die schlimmen Beeren

Die Erdbeere

»Frau Erdbeer, es bedrückt mich so,
und ich muß mich schämen,
weil ich Euch gar nichts geben kann,
ich kann nur immer nehmen.«
»Frau Ameis, Ihr beschenkt mich auch,
das müßt Ihr wohl bedenken.
Euch macht das Essen Freude,
mich aber freut das Schenken.«

Die Johannisbeere

In jedem Garten findet man uns,
voll Blüten ist der Strauch,
und wenn die Sommersonne lacht,
findest du Beeren auch.
Sie schmecken gut zu jeder Zeit,
sie schmecken gut auf Kuchen.
Es löscht den Durst der Beerensaft,
den mußt du mal versuchen!

Die Blaubeere und die Einbeere

So sehr ich bitten mag und flehn,
es bleibt die Einbeer bei mir stehn.
D'rum merkt euch alle ganz genau:
Sie kleidet sich wie ich in Blau.
Zum Unterschied ein grüner Kragen,
vierblättrig um den Hals getragen.
Nur ja nicht essen, da sie giftig
und es daher gefährlich wäre!
Dies schreibt zur Warnung aller Kinder
die sehr besorgte Heidelbeere.

Die Himbeere und die Baumwanze

Die Himbeer sprach: »Ich dufte süß
und schmecke fabelhaft.
Man kocht mich ein, macht Marmelad
und einen guten Saft.«
Die Wanze sprach bescheiden:
»Dann will ich froh mich preisen,
daß ich so furchtbar übel riech,
so mag mich niemand speisen.«

Die Brombeere

Die Brombeere ist voller Dornen,
und kratzt sie, rinnt das Blut.
Doch ihre Früchte, die sind süß
und schmecken uns so gut.

Auch du kratzt manchmal und bist wild,
wie's alle Kinder sind.
Und tust du andern einmal weh,
mach's wieder gut geschwind.

Die Tollkirsche

Die Erdbeer bringt den Kindern Freud,
die edle Rebe bringt den Wein,
die böse Tollkirsch wollt allein
nur voller Gift und Bosheit sein.
Im Wald, am Hang kann man sie sehn,
ist saftig, schwarz und prall.
Probiert sie nie, laßt sie nur stehn,
pflückt sie auf keinen Fall.

Die Preiselbeere

Ich bin ein kleines, liebes Kraut,
wachs gern auf Moor und Heide.
Ich blühe zart und rosarot,
dem Menschenaug zur Freude.
Im heißen Sommer später,
dann reifen meine Beeren.
Und sind sie dick und rot und süß,
darfst du sie gleich verzehren.

Die Traube

An der Rebe reift die Traube,
sie reift für groß und klein.
Den Kindern schmeckt die süße Frucht,
den Großen ein Glas Wein.

Heinzel wandert durch den Tag

6 Uhr

»Es ist schon sechs, so wach doch auf!
Das Schönste ist erwachen
an einem Tag voll Sonnenschein,
wenn alle Blümlein lachen.«
»Genau dasselbe find ich auch«,
spricht Hummel, »und darum,
daß ich nochmals erwachen kann,
dreh ich mich nochmals um.«

7 Uhr

Ei, mir scheint die Welt verkehrt,
denn es ist doch wirklich schad,
jeden heißen Sonnentag
gibt es bloß ein Tröpfchenbad.
Und gerad an kühlen Tagen,
wo doch ohnehin ein jeder
friert, weil es vom Himmel regnet,
gibt es kalte Brausebäder!

8 Uhr

In Heinzelmännchens Laube
tut Bienelein sich gütlich.
Dort frühstückt man besonders fein,
so traut und so gemütlich.
Es hat's wohl ausgeplaudert,
d'rum fliegen ohne Ruh
seither in Heinzels Laube
die Bienlein ab und zu.

9 Uhr

Wie ärgerlich, mein Tapfersein,
das hat nun keinen Zweck,
ich brauche nicht zum Doktor gehn,
der Schmerz im Zahn ist weg.
Um 9 Uhr war ich herbestellt,
um 9 Uhr, auf mein Wort,
begann der Schmerz in meinem Bauch,
der Schmerz im Zahn war fort.

10 Uhr

Wenn man etwas Gutes tut,
wär es auch nicht mehr, als nur
eines Bienleins Leben retten,
schlägt ganz leise eine Uhr.
Horch und denk darüber nach –
wann hat in den letzten Tagen
tief in deinem Herzen drinnen
diese liebe Uhr geschlagen?

11 Uhr

Jetzt kann ich erst verstehen,
warum die Bienlein eilen
von Blümelein zu Blümelein
und nirgends lang verweilen.
Sie gucken in den Blütchen nach,
ob Heinzel drinnen steckt,
weil Honigseim, wie er ihn kocht,
am allerbesten schmeckt.

12 Uhr

Wenn ich die Welt mir richten könnt
nach meinem Sinn allein,
dann dürfte keine andre Stund
als immer 12 Uhr sein.
Das wäre schön, denn vormittags,
nach Tisch nicht zu vergessen,
den lieben langen Tag
wär immer Mittagessen!

13 Uhr

Wenn ich schon kaum mehr stehen kann
vor lauter Müdigkeit,
dann freu ich mich geschwind voraus
auf meine Ruhezeit.
Und freu mich auf das Fleißigsein
bei meiner Mittagsruh,
so freu ich mich den ganzen Tag
bei allem, was ich tu.

14 Uhr bis 14 Uhr 15

»Nur ein Viertelstündchen schenk uns,
die die Erd gefangen hält.
Sag, was hast du wohl erfahren,
draußen von der schönen Welt?«
»Blümlein, das hab ich erfahren,
daß das Schönste ist, ergeben,
stille und in heißer Sehnsucht
als ein kleines Blümlein leben.«

17 Uhr bis 17 Uhr 30

»Ach, ihr spielt so wunderherrlich,
aber kurz und das ist schad,
immer nur das halbe Stündchen,
das ihr hier verbringt im Bad.«
»Ei, hernach ist's nicht mehr nötig«,
Heinzel zu der Mücke spricht,
»denn ich spiel euch auf zum Tanze,
daß mich keine von euch sticht.«

18 Uhr 45

»Jeden Abend kommt ihr später,
sagt, wie könnt ihr diese Plagen,
diese fürchterliche Arbeit,
ohne Ende nur ertragen?«
»Ein Geheimnis ist dabei«,
gibt das Bienchen lächelnd zu,
»daß ich alles, was ich mache,
immer für die andern tu.«

22 Uhr

Schon wiederum der Tag vorbei,
der lieben Sonne Scheinen,
der Blumenduft, die Freud verweht,
fast möcht ich drüber weinen;
wenn ich nicht gar so glücklich wär,
denk ich im Stillen dran,
es fängt mit neuen Freuden
bald ein neuer Morgen an.

Die lustigen Springer

Der Ausflug

Mir als Laubfrosch kann nichts Schlimmes
auf dem Ausflug heut begegnen,
denn ich hab es prophezeit,
heute wird es gar nicht regnen.
Und selbst wenn es regnen sollte,
komm ich trocken doch nach Haus,
denn was ich auch prophezeite,
ohne Schirm geh ich nicht aus.

Der Storch

»Herr, wie soll ich es wohl wissen,
daß die Warnung auf dem Schild
nicht allein für alle Menschen,
sondern auch für Fröschlein gilt?
Wie ich hergekommen bin,
ist das Schild nicht dagewesen.
Ach, Herr Storch, habt doch Erbarmen,
denn ich kann ja gar nicht lesen!«

Die Kröte

Wenn jemand so sehr häßlich ist,
das tut mir gar nicht leid:
Ein schrecklich glotzendes Gesicht
sah ich vor langer Zeit
im Teich – bei Tag. Ein zweitesmal
könnt ich es nicht ertragen,
d'rum gehe ich seit jener Zeit
nur mehr im Dunkeln jagen.

Der Wetterprophet

»Dies ist starker Rheumatismus,
darum spürt Ihr stets voraus,
wenn das Wetter sich verändert,
den kurier ich völlig aus.«
»Danke, da behalt ich lieber
meine Schmerzen in den Waden.
Spüre ich das Wetter nicht,
könnt es mir beruflich schaden.«

Der Regen

»Regen ist mir angenehm,
regnet es nur zart und leicht,
aber dieser starke Regen
ist mir unbedingt zu feucht.«
Also sprach Herr Frosch zum Sohne,
und die beiden gingen gleich,
sich vor Feuchtigkeit zu schützen,
baden in den nahen Teich.

Rechenstunde

»Du hast eine dicke Fliege
und fängst eine noch dazu,
was das gibt, genau berechnet,
Grünchen Hopps, das sag mir du.«
Grünchen Hopps ist nicht umsonst
in der Fröschleinschul gesessen.
»Freilich weiß ich's«, quakt er laut,
»denn das gibt ein Mittagessen.«

Professor Frosch

»Der gelehrte Herr Professor«,
sprach das Fröschlein mit Behagen,
»muß mein Herr Kollege sein,
da wir beide Fliegen jagen.
Heute morgen fing er eine,
eine hab nun ich entdeckt.«
Fröschlein hat nur übersehen,
der Professor hat die seine
nicht in seinen Mund gesteckt.

Der Schwimmlehrer

»Hände vor und Körper beugen,
wohlgemerkt, vor allen Dingen,
Kinn zur Brust und möglichst kräftig
vorwärts in das Wasser springen.«
»Ach, es scheint mir nicht so wichtig,
lieber Meister«, haucht die Maus,
»wie ich in das Wasser komme,
doch wie komme ich heraus?«

Regentropfen

Doktor Regentropfen

»Ich sterbe«, haucht Vergißmeinnicht
und hängt so müd das Köpfchen.
Da fällt zum Glück vom Himmel
Herr Doktor Regentröpfchen.
Der schreibt ihm eilig ein Rezept:
»Muß sich besonders schonen
und darf von nun an nur am Rand
von einem Bache wohnen.«

Das Regenmännlein

»Warum hast du dein Schirmchen mit,
lieb Regenmännlein, sag?«
»Weil sich das Wetter ändern kann
an einem Regentag.
Auf einmal scheint die Sonne warm
und trocknet alle Pfützen,
da spann ich schnell mein Schirmchen auf,
um mich davor zu schützen.«

Fünf kleine Tröpfchen

Ein Tröpfchen läuft zur Quelle,
ein Tröpfchen geht auf Reisen,
eins will die Blumen waschen
und eins die Wurzeln speisen.
Eins aber harrt geduldig,
daß es ein Wölkchen werde.
Und aus dem Wölkchen fallen
fünf Tröpfchen auf die Erde.

Der Trost

»Ach, mein Kleid, es ist so rein«,
stöhnt das Regentröpfchen dumpf.
»Freilich ist es zu bedauern«,
meint das Tröpflein aus dem Sumpf,
»aber deshalb, liebes Tröpfchen,
brauchst du doch nicht zu erschrecken;
morgen hast du ganz bestimmt
schon die allerschönsten Flecken!«

Der Regen

Wer alle Blumen zählt,
die blühen auf der Welt,
wer alle Körner zählt,
die reifen auf dem Feld
und die, zum Brot verwandelt,
ein Segen sind uns allen,
der weiß, wie viele Tröpfchen
vom Himmel niederfallen.

Die Quelle

Die Tröpfchen fielen nieder,
dann sickerten sie ein
und schworen sich im Dunkel,
sie wollten Freunde sein.
Gemeinsam suchten sie den Weg,
glucks, glucks, hinaus ins Helle
und hielten sich in Treue fest
und wurden eine Quelle.

Der Fels am Meer

Felsen voller Hochmut spricht:
»Lächerlich verspieltes Treiben –
seht mich an – ich stehe fest
und so werd ich ewig bleiben.«
Welle kommt mit tausend Tröpfchen,
die sich purzelnd überschlagen,
und verrauscht – und hat ein Stäubchen
von dem Felsen abgetragen.

Das stolze Tröpfchen

»Mein Brausen ist gewaltig«,
das stolze Tröpfchen spricht,
»ein Tröpflein nur im Meere sein,
nein, das gefällt mir nicht.«

Da ward es von der Gischt verspritzt –
alleine seufzt es schwer:
»Vielleicht hab ich nicht selbst gebraust,
am End war es das Meer.«

Herbst

Der verkannte Bimpfi

Dicht vor Heinzelmännchens Tor
schießt ein kleiner Pilz empor.
Doch der Pilz ist nicht allein;
äußeres Beisammensein
bringt auch näher im Gemüte,
und es treibt die gute Freundschaft
bald schon eine schöne Blüte.

Bimpfi als ein Champignon
ist bei allem, was er tut,
eßbar, freundlich, lieb und gut.
Reines Herz und froher Sinn
bei des Tages Anbeginn
leuchten wie ein helles Licht
über Arbeit, Müh und Pflicht.

Andrer Freude zu erleben,
ist den Guten nur gegeben.
Böse lassen sie nicht gelten,
deshalb freun sie sich so selten.
Bimpfi, der durch großen Fleiß
in der Schule alles weiß,
klettert bald sehr flink und heiter
aufwärts auf der Ruhmesleiter.
Knolli, Letzter in der Klasse,
wird erfüllt von wildem Hasse.

Seine Mutter war schon giftig,
auch sein Vater war es sehr,
– beide Knollenblätterpilze –
furchtbar giftig ist auch er.
Schon am Morgen ist er giftig,
kaum ist er aus dem Bett, darum
seine Pläne, seine Taten,
seine Wege – alles krumm.

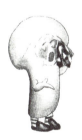

Ahnung ist des Unglücks Bote;
aber es geschieht zumeist,
daß das Unglück schneller reist.
Dies ist wirklich zu bedauern,
denn sonst könnte man beizeiten
sich entsprechend vorbereiten.
Schreckliches hat sich begeben:
Eine Frau kam um das Leben!
Bimpfi hat man im Verdacht,
daß er sie in böser Absicht
durch ein Pilzgift umgebracht.

In dem Kerker, fest vergittert,
wird sein Inneres verbittert,
meint ihr sicher? Aber nein,
bitter kann er gar nicht sein.
Jeder Zoll ein Champignon,
ohne Gift in seinen Adern
trägt er sein entsetzlich Schicksal
schluchzend, aber ohne Hadern.

Freundschaft, fest und treu gehalten,
zeigt sich in mancherlei Gestalten.
Ist der gute Freund in Not,
zeigt sie sich als Stücklein Brot.
Ist der Freund in einem Kerker,
der verriegelt und so weiter,
zeigt sie sich als eine Säge
und als eine lange Leiter.

Ist man außen eingeschlossen,
öffnet sich das Inn're weit.
In des Kerkers stillen Mauern
hat zum Denken man viel Zeit.
Bimpfi hat viel nachgedacht
und er sagt:»Ich glaube fast,
dieser Knolli, der mich haßt,
hat die böse Tat vollbracht.«

Erst ein Fragen, dann ein Fordern,
Bitten, Betteln, wildes Flehen –
Knolli will nichts eingestehen.
Dann ein stundenlanges Reden
ins verstockte Pilzgewissen –
Knolli aber schweigt verbissen.
Endlich wird ihr Fragen leiser,
denn sie sind schon beide heiser.
Knolli ist nicht zu bewegen,
ein Geständnis abzulegen.

Doch was beide nicht vermögen,
das vermag das nasse Wetter:
Knolli wächst, der Schleier reißt
und enthüllt die weißen Blätter.
Schon die abgesetzte Knolle,
die er gern im Gras versteckte,
daß man sie nicht sehen solle,
machte Knolli sehr verdächtig.
Durch die weißen Blätter sind
die Beweise übermächtig.
Knolli ist vor aller Welt
als ein Knollenblätterpilz
ganz entsetzlich bloßgestellt.
Ach, zu Ende ist die Not,
denn der Bimpfi wächst desgleichen:
Seine Blätter rosenrot
– eine Knolle trug er nie! –
sind jetzt seiner Unschuld Zeichen.

Es kann sein, wer kann es wissen,
daß in absehbarer Zeit
ein sehr guter Freund von Knolli
diesen wiederum befreit.
Darum seht euch Knolli an,
merkt euch seine weißen Blätter
und am Stiel die Knolle dran.
So mancher Pilzesammler schon
pflückte, briet und aß ihn,
und dacht, es wär ein Champignon!
Doch so ein Knolli bringt Verderben,
an seinem Gift die Menschen sterben.

Bimpfi, hochgewachsen, schlank,
paßt nunmehr in keine Bank,
also hat die ober'n Klassen
ihm der Lehrer ganz erlassen.
Und sein Zeugnis:"Eßbar, gut,
großes Wissen, weißer Hut,
keine abgesetzte Knolle,
Blätter, die ganz zart sich röten.
Achtung, kann verwechselt werden.
Höchste Vorsicht ist vonnöten!"

Schneckenpost

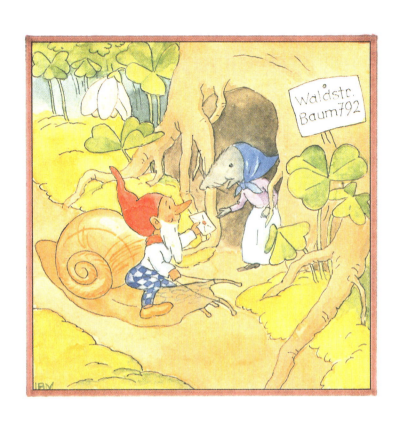

Der liebe Brief

»Ihr tragt, seit ich Euch kenne,
nur gute Briefchen aus!«
»Ach, dazu braucht's nichts weiter als das
Feingefühl, Frau Maus.
Denn steht in einem Briefchen
ein böses, hartes Wort,
dann spür ich's in dem großen Zeh
und werf ihn einfach fort.«

Die Haltestelle

Andre mögen schneller fahren,
andre kommen pünktlich an –
das ist möglich – zugegeben.
Jeder, wie er eben kann.
Aber eines steht doch fest,
wenn auch andre Bess'res leisten,
Haltestellen, meine Lieben,
hat die Schneckenpost die meisten.

Der Beschwerdebrief

»Ach, Herr Heinzelmann, was soll
mit der Schneckenpost nur werden,
wenn das lang so weiter geht?
Täglich kommen mehr Beschwerden!«
»Besser steht es mit der Post,
liebe Hummel, als vor Jahren;
wer Beschwerdebriefchen schreibt,
ist ja auch mit ihr gefahren!«

Die Extrapost

Es fährt das Zwerglein Heinzelmann
mit seiner Extrapost geschwind,
wenn es errät, daß in dem Brief
viele gute Wünsche sind.
D'rum bin ich überzeugt, mein Gruß
an alle Kinder auf der Welt
wird dir mit diesem kleinen Vers
bestimmt noch heute zugestellt.

Die Mittagspause

Wenn der Heinzelmann ein wenig schläft,
dann macht er Dienst am Kunden;
um für die Arbeit immer frisch zu sein
schläft er am Tag 12 Stunden.
Zwölf Stunden aber in der Nacht
verbringt er still zu Haus
und ruht sich endlich ordentlich
vom Dienst am Kunden aus.

Die Botschaft

Schau, auf unsren Flügeln hier
steht es ganz deutlich aufgeschrieben
in viel tausend bunten Farben:
»Alle Tiere sollst du lieben.«
Hör die Botschaft, die wir bringen
und verschone, liebes Kind,
unser armes bißchen Leben,
weil wir deine Freunde sind.

Das Frühlingsfest

»Ach, nicht ein Plätzchen ist mehr frei«,
ruft ganz entsetzt die Hummelfrau.
»Herr Heinzel, sagt, was gibt es denn
Besondres heut in Blumenau?«
»Dort ist ein großes Frühlingsfest,
und in den Blütenschalen
gibt's allerfeinsten Honigwein,
für den ist nichts zu zahlen.«

Die Flugpost

Dieser Brief ist abzugeben,
aber pünktlich, Ihr versteht!
Neulich kam das Telegramm
an die Rose viel zu spät.
Also, bitte, Richtung halten,
lieber Falter, denn Ihr wißt,
daß das Gaukeln in der Dienstzeit
absolut verboten ist.

Brumm und Braun

»Wirklich wahr, zur Schule gehen
ist ein wunderbarer Brauch,
und ich freu mich schon auf morgen.
Lieber Bruder, du doch auch?«
»Ja, die Pausen sind was Feines«,
Brummchen ganz begeistert spricht,
»nur wozu die Stunden sind,
Bruder, das versteh ich nicht«.

»Sag mal, ist der Wald verhext?
Denn das ist doch wirklich toll –
ich kann keine Pilze sehen
und du hast dein Körbchen voll.«
»Nein, der Wald ist nicht verzaubert«,
Braun den anderen belehrt,
»nein, der Fehler liegt woanders –
Bruder Brumm, du stehst verkehrt!«

»Ach lieber Braun, ich freu mich so,
daß ich ein guter Tänzer bin.
Ich weiß es sicher, und bestimmt
steht das in meinem Zeugnis drin:
›Die Pfoten grob, im Schreiben schlecht,
im Rechnen fehlt es sehr –
zu langsam und gewöhnlich falsch.
Im Tanzen – wie ein Bär.‹ «

Brummchen ist entsetzlich krank;
schlechter wird's von Stund zu Stund.
»Sag, was hat dir nur geschadet?
Honig ist doch so gesund?«
»Es kommt auf die Sorte an«,
Brummchen unter Stöhnen spricht,
wenn nicht NATURREIN darauf steht,
Bruder, dann vertrag ich's nicht!«

»Lieber Bruder, hörst du mich?
Da ich keinen Ausweg seh,
muß ich leider oben bleiben.
Glaubst du, tut Verhungern weh?«
»Ach, der Ast ist ja schon morsch,
lieber Bruder, sei nur munter.
In den nächsten fünf Minuten
fällst du ganz von selbst herunter«.

»Lieber Bruder, ich muß sagen,
das ist etwas, was ich mag:
Von allen süßen Sachen naschen!
Welch ein wunderschöner Tag!
Erst kommt Kompott und süßer Brei,
dann Pflaumenmus und Marmelade.
Und von dem guten Himbeersaft
laß nichts übrig, es wär schade.«

»Nein, ich kann es nicht begreifen,
wie denn das nur möglich ist,
daß wir so verschieden sind,
wo du doch mein Bruder bist.
Ach, mir wird auf einmal bang
und ich fürcht mich, Brüderlein,
und du zitterst nicht ein bißchen
und gehst tapfer hinterdrein.«

»Ach, Bruder, mach ein Plätzchen mir
in deinem Bett bereit;
denn wenn vom dunklen Wald mir träumt,
dann bin ich gern zu zweit.«
»Geh lieber in dein Bett zurück«,
spricht Braun, »es könnte sein,
mir träumt von einem Honigtopf,
da wär ich gern allein.«

Bei den Wurzelmännlein

Ein Blümchen

Ein kleines Blümchen blüht im Schnee,
ein Blümchen zart und bloß.
Das zieht der kleine Wurzelmann
mit vielen Mühen groß.
Er pflegt es voller Liebe
und hat mit ihm Erbarmen.
Er gibt ihm alles, was es braucht
und wärmt's in seinen Armen.

Der Vortrag

Raupe spricht zum Engerling:
»Wirklich, dieser Mann hat recht,
wenn wir ständig Blätter fressen,
ist das für die Pflanzen schlecht.
Wovon soll aber unsereins
in Feld und Wald dann leben?
Wenn wir nicht hungern sollen, muß
man uns was andres geben.«

Schlummerlied

Schlafe, mein Püppchen, schlaf ein,
in deinem Traum wirst du sehn,
wie Falter flattern dahin
über die Täler und Höh'n.

Ach, dieser herrliche Traum,
über den Blumen zu schweben,
er währt lang – und wachst du auf,
wirst du den Traum selbst erleben.

Der Feuersalamander

»Herr Siebenpunkt, bleibt hinter mir,
ich will Euch gern beschützen,
nur zittern meine Beine so,
ich muß mich etwas stützen!«
»Herr Wurzelmann, ich fürcht' mich nicht,
ich muß mich nur verstecken,
der Salamander könnte sonst
vor mir zu sehr erschrecken!«

Die Engerlinge

»Ihr tut den lieben, langen Tag
nichts, als Wurzeln abzufressen.
Und gibt's kein Korn, gibt es kein Mehl
und auch kein Brot zu essen.
Wenn erst die Ernte eingebracht,
könnt ihr gern alles haben
und dann den ganzen Winter lang
am Wurzelwerk euch laben.«

Der kluge Doktor

Das ist des Doktors große Kunst,
daß er sofort erkennt,
wo denn das Übel wirklich sitzt,
und es beim Namen nennt:
»Die Menschen essen Honig gern,
d'rum müßt ihr so viel tragen.
Ein kleiner Urlaub tät Euch gut,
von mindestens drei Tagen!«

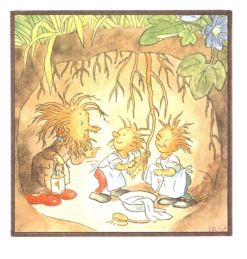

Die Ermahnung

»Manch Blümchen hat zu kämpfen
und muß sich still bescheiden,
das arme Unkraut aber hat
am meisten wohl zu leiden.
D'rum pflegt mir alle Wurzeln gut
und reißt sie nicht entzwei.
Auch auf das Unkraut paßt gut auf,
es blüht so schön im Mai.«

Der Regenwurm

»O wie gemein die Leute sind,
die meinen Ruf beschmutzen!
Sie sagen, daß ich schädlich sei,
dabei bin ich von Nutzen!«
»Nur ruhig, meine Gute,
wir können klar beweisen,
daß Sie die Erde ackern,
indem Sie sie verspeisen!«

Die fleißigen Sparer

»Die Nüßlein habt ihr brav gespart,
da muß ich euch ja loben;
doch warum hast denn du, mein Kind,
dir keines aufgehoben?«
»Ei, freilich hab ich eins gespart
und aufgehoben hab ich's auch –
ich hab es nur so gut versteckt –
das Nüßlein ist in meinem Bauch.«

»Nun sagt einmal, wie kennt man das
und unterscheidet immer recht:
Das eine Nüßlein, das ist gut,
das andre Nüßlein aber schlecht?«
Da ruft der kleine Nucki laut:
»Das habe ich schon lang entdeckt,
die Nuß ist gut, wenn sie mir schmeckt!«

Bei den Eichhornkinderlein
in dem Walde gibt es keins,
das nicht flinke Beine hätte
und im Turnen eine Eins.
Und das kann mich gar nicht wundern,
weil ich selbst gesehen habe,
jedes Eichhorn macht im Turnen
täglich eine Fleißaufgabe.

»Der Hunger nur entschuldigt mich,
obgleich ich sehr mich schäme,
wenn ich die Nüßlein wohlgespart
aus euren Händen nehme.«
»Eßt euch ohne Sorgen satt,
denn ihr müßt bedenken:
wer sparsam war, der darf dafür
mit vollen Händen schenken.«

»Kinder«, sagt die Eichhornfrau,
»sammelt alle voller Fleiß.
Wer die meisten Nüßlein bringt,
der bekommt den ersten Preis.«

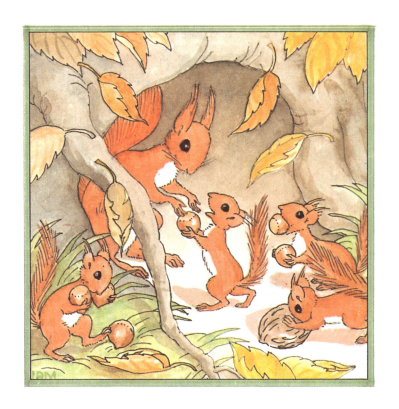

»Nun, ich weiß, wer ihn bekommt,
und ich war darum so frei,
es für jeden aufzuzeichnen,
der da zählen kann bis drei.«

»Ei, ich kann mich doch erinnern –
Nüßlein waren's eins, zwei, drei –
und ein Loch hab ich gegraben,
und ein Baum war auch dabei.
Ei, ich kann mich doch erinnern.
Alles ist mir völlig klar,
nur das eine weiß ich nicht,
nämlich: welcher Baum es war.«

Wenn die Zeit zum Schlafen kommt,
weinen oder traurig sein,
aber nein, das gibt es nicht
bei den Eichhornkinderlein.
Ja, ich würd es selbst nicht glauben,
wenn ich's nicht gesehen hätt
auf dem kleinen Bildchen hier -
seht, sie springen gar ins Bett!

»Wenn es wettert, wenn es friert,
wenn es in der Winterszeit
eine ganze Woche lang
große, weiße Flocken schneit,
ich kann trotzdem fröhlich sein«,
spricht die Eichhornfrau und lacht,
»denn die Sorgen hab ich mir
alle gestern schon gemacht.«

Winter

Piep und Maus im Winter zu Haus

Heinzelmann ruft voll Bedenken:
»Liebe Maus, ich glaube fast,
nie bekommst du alle satt,
weil du zu viel Kinder hast.«
Doch das Mäuschen weiß es besser:
»Zuviel Kinder, aber nein,
denn ich liebe meine Mäuschen,
doch das Töpfchen ist zu klein.«

»O bitte, helft mir, Heinzelmann,
weil ich in großer Sorge bin,
und gebt mir einen guten Rat:
Wo leg ich meine Nüßchen hin?«
»Frau Eichhorn, d'rüber freu ich mich,
den Platz kann ich Euch sagen:
Den Nüßlein kann nichts mehr geschehn,
sind sie in meinem Magen.«

»Ich brauche einen Winterrock,
genau wie meinen alten
und wieder schwarz, denn das macht schlank,
und, bitte, ohne Falten!«
»Herr Wühlauf, keine Sorge,
ich messe sehr genau, auf Ehr,
der neue Pelz wird sitzen,
als ob er angewachsen wär!«

Bitte, tretet alle ein
in den Krümchenstreuverein.
Euch zum Danke singen dann
froh die lieben Vögelein.
Alle Menschen hören zu,
wenn sie auch nicht Mitglied sind,
und das rührt vielleicht ihr Herz
und bestimmt auch dein's, mein Kind.

Herr Heinzel lud ein Häschen ein,
das Häschen sprach: »Ich bin so frei«,
und aß sich satt und legte ihm
zum Dank dafür ein rotes Ei.
Dann lief es wieder in den Wald;
nun ratet schnell: Wer war denn das?
Ihr wißt es alle ganz bestimmt -
es war der liebe . . . . !

 Schlupfi läßt sich nicht gern waschen,
hat sich hinterm Bett verborgen.
»Nun, wieviel Kinder wollen
denn ein Frühstück heute morgen?

»Eins, zwei, drei, vier, fünf«, zählt Heinzel.
Schlupfi schreit, so laut er kann:
»Bitte sechs!« und kommt beim Waschen
gleich als allernächster dran.

Ja, wenn ich kein Spätzchen wär,
müßte ich mich schämen,
diese Hilfe, Heinzelmann,
ohne Dank zu nehmen.
Doch mit meiner Kehle Gold
nehmt Ihr wohl vorlieb -
denn Ihr wißt, kein Vöglein sonst,
kann das hohe Piep.

»Ei, du hast die Maus gepflegt
und das Spätzchen war dein Gast;
sicher ist's nun deine Freude,
daß du endlich Ruhe hast.«
»Meine größte Freude ist,
daß ich weiß, ich werde morgen,
wenn ich in der Früh erwache,
wiederum für andre sorgen.«

Eismännlein

Der Winter

Es warten voll Ungeduld
Eismännlein in dem Gletscherhaus;
nun ist der Winter endlich da
und jeder will zuerst heraus.
Und in dem wilden Jagen,
dem Purzeln und dem Drängen,
bleibt einmal hier und einmal dort
ein Stückchen Eisbart hängen.

Die Malschule

Habt ihr den rechten Pinsel
zur Schule mitgebracht,
dann ist gewiß die Arbeit
in kurzer Zeit gemacht;
dann kann es gar nicht anders sein,
als daß das Bild gefällt,
der Pinsel ist die Freude
an dieser schönen Welt.

Der Eiszapfen

»Bitte geben Sie mir diesen,
denn mir ist ein wenig bang,
wenn ich mir den kleinen nehme,
hält er wiederum nicht lang.«
»Ja, Sie haben, lieber Herr,
ganz das richtige Gefühl –
dieser hier wird nie zergehen,
halten Sie ihn ständig kühl.«

Scheuerliedchen

Wir wischen alles blank und klar,
kein Stäubchen bleibt darin,
denn unser Tüchlein wunderbar,
das ist der frohe Sinn.
Wir putzen alle Herzen rein,
dann wird gleich alles gut,
denn unsere Bürste wunderfein,
das ist der frische Mut.

Das Preisrutschen

Alle näh'n sich Flecken an,
doch Herr Eisbart ganz allein
legt sich zwischen Fleck und Mantel
noch ein Stückchen Eis hinein.

Bei dem Glätten von der Bahn
rutscht nur er so kühl und glatt,
denn es kommt auch hier drauf an,
daß man es im Kopfe hat.

Der Reif

»Die ganze Mühe mit dem Reif
hat durchaus keinen Zweck;
wir stäuben Ast und Ästlein an,
die Sonne wischt es weg.«
»Hat's nur ein Einziger gesehn,
so lohnt sich unser Plag,
denn dieser Eine trägt die Freud
heut durch den ganzen Tag.«

Ballgespräch

»Dreh'n Sie, bitte, nicht so schnell,
denn sonst komm ich ja in Hitze,
und der Arzt hat mir erst neulich
streng verboten, daß ich schwitze!«
»Fräulein, ach, das macht mich glücklich,«
flüstert Eisbart ganz bescheiden,
»daß wir so von gleicher Art,
denn ich hab dasselbe Leiden.«

Der Punsch

»Ewig das Gefrorene,
immer Erdbeereis!
Einmal möcht ich einen Punsch,
aber tüchtig heiß!«
Eisbart hat den Punsch gewiss
gar zu stark gebraut
und die Hitze nicht vertragen,
weil es heute taut.

Eisbärli

Die verkaufte Bärenhaut

Hab ich den Jägern zugehört,
flüchtig, im Vorüberlaufen,
einer wollt dem anderen
eine Bärenhaut verkaufen.
Außer mir ist hier kein Bär,
und nun bin ich recht besorgt,
da ich meinen selber brauche.
Wer ihm dann einen Pelz wohl borgt?

Das verlassene Bärli

Ganz sonderbar – zum Tapfersein
gehören immer zwei.
Ich bin so gerne tapfer,
ist Mami mit dabei.
Doch geht die liebe Mami weg
vom Hause, auf mein Wort,
dann ist die große Tapferkeit
bei mir auf einmal fort.

Weihnachtswunder

 Ach, es sind so viele Wunder
auf der schönen Welt zu sehen,
aber eines ist das größte,
und ich werd es nie verstehen,

daß es liebe Leute gibt,
die den Polarkreis überqueren,
bloß um kleine Bärenkinder
am Heiligabend zu bescheren.

Die Hitze

»Wenn die Hitze weiter steigt
wie in diesen letzten Tagen«,
meint das Bärli voll Bedenken,
»ist es kaum mehr zu ertragen.
Nun hat es nur mehr dreizehn Grad
unterm Nullpunkt und ich fühle,
es ist allerhöchste Zeit,
daß ich mir die Beine kühle.«

Die Brüderchen

»Was ich dir fortgenommen hab,
vom Robbenfleisch das Stück,
das war ja nur ein Spaß von mir,
das geb ich dir zurück.
Und daß ich dich gebissen hab
und fest gezwickt, vergib.
Und halte mich und drück mich fest!
Ich hab dich ja so lieb!«

Der Bärenhunger

Bärli ging zum Doktor, klagte:
»Diese Schmerzen in dem Magen
werden alle Tage schlimmer
und sind nicht mehr zu ertragen.«
»Nun, Ihr habt die Eisbärkrankheit,
darum dürft Ihr nie vergessen,
immer wenn die Schmerzen kommen,
möglichst bald und viel zu essen.«

Schneesturm

»Ach, Brüderchen, ich bin so froh,
daß ich ein Eisbär bin.
Ich friere so erbärmlich
in meinem Pelzchen drin,
der Schneesturm ist so fürchterlich,
der Weg nach Haus so lang
und wenn ich nicht ein Eisbär wär,
dann wär mir schrecklich bang!«

Der Traum

»Eines fehlt mir leider noch«,
Bärli voller Kummer spricht,
»bin schon richtig groß und stark,
aber schnarchen kann ich nicht.«
Es legt sich hin der kleine Bär,
hebt sogleich zu schnarchen an
und nun ist er endlich glücklich,
denn er träumt, daß er es kann.

Schneeflöckchen

Es deckt der Herr zur Wintersruh
so liebevoll die Blümlein zu
mit seinen eig'nen Händen.
Das soll dir stets ein Zeichen sein,

daß Gottes Lieb dich nie verläßt,
sie schließt sogar die Blümlein ein,
denn sie kann niemals enden.

Du armes Spätzchen,
du tust mir schrecklich leid,
nun hast du kein Zuhause,
dein Nestlein ist verschneit.
Da ist es wohl ein großes Glück,
daß du als lieber Gast
in meinem Herzen drinnen
ein zweites Nestlein hast.

Wie Gott will, erblühen sie,
all die Blümlein brav, wie Gott will, geh'n sie
zur Ruh, liegen sie still im Schlaf,
wie Gott will, erwachen sie,
blühen neu auf Erden,
darum sollst du, wie Gott will,
auch ein Blümlein werden.

Das ist schön, ein Plätzlein finden,
wenn man müde ist vom Wandern,
und ich möchte gar zu gerne
recht viel Plätzchen bei den andern;
denn das allerschönste Plätzchen,
das es hier auf Erden gibt,
um sich richtig auszuruhen,
ist ein Herzlein, das uns liebt.

»Mich hält es nirgends lange,
ich kann gar nicht beschreiben,
wie oft ich schon auf Reisen war,
hier aber werd ich bleiben.«
»Wie weißt du denn das so genau,
daß du uns nicht verläßt?«
»Ich fühle es im linken Bein,
denn das friert eben fest.«

»Wenn man so von Dauer ist«,
spricht der Schneemann, »das ist schön.
Freilich kann ich selber schmelzen
und recht bald in Nichts vergeh'n.
Doch ich hab die liebe Freude
vielen Kinderlein gegeben:
Aus der Freude wird erinnern,
und so werd ich weiterleben.«

Das hat der Herr so schön gemacht,
daß aus dem Schnee und Eis
zur Winterszeit ein Blümlein blüht,
Schneeröslein, so weiß.
Das hat der Herr so schön gemacht,
daß uns aus Leid und Müh'n,
aus Nöten und Sorgen,
die lieben Freuden blüh'n.

Wo das liebe Christkind geht,
bleibt ein gold'ner Schein,
darum glitzert in der Weihnacht
wohl der Schnee so rein.
Wo du gehst, da bring auch du
Licht auf diese Erde.
Deine Werke, gut und rein,
sollen deine Lichtlein sein,
daß dein Leben Gott zur Ehr
eine Weihnacht werde.

Sankt Nikolaus

Sankt Niklaus träumt von seinem Weg
mit all den vielen Mühen,
dann träumt er von der Weihnachtszeit,
von Ostern und vom Blühen.
Und hat g'rad von der Erntezeit
zu träumen angefangen,
da wird er ganz leis aufgeweckt:
Es ist ein Jahr vergangen.

Ein kleiner Engel kommt daher,
muß bitter sich beklagen;
weil es noch freche Kinder gibt,
soll er die Rute tragen.
Es wollen alle artig sein
und gar nichts Böses machen,
so daß man keine Rute braucht,
dann kann der Engel lachen!

Wer hat seine Stube bereit gemacht?
Wer hat an die Kranken freundlich gedacht?

Wer hat den Armen zu Essen gebracht?
Wer hat ein Herz, so gut und so rein?
Wer läßt den Heiligen Nikolaus ein?

Du bist so gut, Sankt Nikolaus,
schenkst alles gerne her,
und bis du in den Himmel kommst,
ist auch dein Säckchen leer.
Wir danken dir, weil du so lieb
zu uns gewesen bist.
Nimm d'rum Gebete von uns mit
für den Herrn Jesus Christ.

Wer gut zu allen Tieren ist,
darf in dem Häuschen wohnen.
Dann kommt der Heil'ge Nikolaus
ihn reichlich zu belohnen.
Wir pflegen unser Hündchen ger
und werden Vögeln Futter streu'
wir haben unsere Katze lieb
und ziehen schnell ins Häuschen

Sankt Niklaus geht von Tür zu Tür
und gibt recht sorgsam acht,
damit das kleine Engelchen
auch alles richtig macht.
Und ist ein Kind besonders lieb,
gibt Niklaus seinen Segen,
dann muß der Engel in den Schuh
ein Extrastückchen legen.

Sankt Nikolaus hält Schule
im Jahr nur einen Tag,
und jeder darf sein Schüler sein,
wenn er nur lernen mag.
Sankt Nikolaus zeigt uns den Weg
zum Himmelreich empor,
wer arme Menschen gern beschenkt,
rückt eine Klasse vor.

Im nächsten Jahr bin ich schon groß,
da helf ich dem Sankt Nikolaus
und geh zu armen Kindern hin
und trage Nüss und Äpfel aus.
Dann hat das kleinste Engelchen
nicht mehr so weit zu fliegen
und kann um diese Zeit schon längst
in seinem Bettchen liegen.

Ida Bohatta

Ida Bohatta ist seit Generationen eine der am meist gelesenen Kinderbuch-Illustratorinnen und -Autorinnen im deutschsprachigen Raum. Ungebrochen ist auch heute noch ihre Beliebtheit bei kleinen und großen Leserinnen und Lesern, wie die stete Nachfrage nach ihren über siebzig Büchlein Jahr für Jahr beweist. Zu Unrecht gehört »die Bohatta« zu jener Schar der KinderbuchmacherInnen, über die sich jede Illustrationsgeschichte ausschweigt, deren Geschichten aber über alle Stile und Zeiten hinweg nicht nur Auflage um Auflage erleben, sondern bisher auch in viele Sprachen übersetzt wurden – sogar ins Japanische.

Am 15. April 1900 wurde Ida Bohatta in Wien geboren. Nach ersten Erfolgen mit Kinderbuchillustrationen entstand im Jahr 1927 die Verbindung zum Verlag Ars sacra, heute: arsEdition. Der Verleger Josef Müller gab Ida Bohatta damals den ersten Auftrag für Bild- und Postkartenserien. Zwei Jahre später erschienen ihre ersten Bilderbücher mit acht bis zwölf Farbillustrationen und Texten der Künstlerin in dem kleinen und ansprechenden »Bohatta-Format«. Damit begann eine fruchtbare Zusammenarbeit, die bis zum Tode der Künstlerin am 14. November 1992 dauerte und Ida Bohatta zu einer »Klassikerin« des Kinderbuches machte.

Dr. Andreas Bode, Bibliothekarischer Leiter der Internationalen Jugendbibliothek in München, schrieb damals in einem Artikel: »Ihre Idyllen würde man falsch verstehen, wollte man in ihnen die Vorspiegelung einer heilen Welt kritisieren. Sie beschwören vielmehr eine Harmonie zwischen Glaube und Leben, Tier, Natur und Mensch, welche die Künstlerin mit der ganzen Kraft ihrer intensiven Religiosität herbeisehnte.«